shule - سکول 2
safiri - سفر 5
safiri - ٹرانسپورٹ 8
ji - شہر .0
nazingira - منظر 14
ngahawa - ریسٹورنٹ 17
lukakuu - سپر مارکیٹ 20
inywaji - مشروب 22
hakula - کھانا 23
hamba - فارم 27
yumba - کھار 31
ebuleni - لونگ روم 33
koni - باورچہ خانہ 35
afu - باتہ روم 38
humba ya mtoto - بچیاں نا کمرہ 42
guo - کپڑے 44
fisi - دفتر 49
chumi - معیشت 51
azi - پیشہ 53
ana - ٹولز 56
la za muziki - موسیقی نے آلات 57
ustani ya wanyama - چڑیا کھار 59
nichezo - کھیڈنا 62
hughuli - کم 63
amilia - کنبہ 67
nwili - جسم 68
ospitali - ہسپتال 72
harura - ایمرجنسی 76
lunia - زمین 77
aa - گھڑی 79
viki - ہفتہ 80
nwaka - سال 81
naumbo - شکلاں 83
angi - رنگ 84
inyume - مخالف 85
ambari - اعداد 88
ugha - بولی 90
ambao / nini / jinsi - کون/ کی / کیویں 91
vapi - کتھے 92

mpressum
/erlag: BABADADA GmbH, Nedderfeld 112 , 22529 Hamburg
Geschäftsführer / Verlagsleitung: Harald Hof
Druck: Books on Demand GmbH, In de Tarpen 42, 22848 Norderstedt

mprint
Publisher: BABADADA GmbH, Nedderfeld 112 , 22529 Hamburg, Germany
Managing Director / Publishing direction: Harald Hof
Print: Books on Demand GmbH, In de Tarpen 42, 22848 Norderstedt, Germany

1

shule
سکول

sajili
کلاس روم
gawa
تقسیم
186/2
ubao
بورڈ
mwalimu
استاد
سکول نا میدان
karatasi
کاغذ
kuandika
لکھنا
kalamu
قلم
dawati
میز
straightedge
سکیل
kitabu
کتاب
mwana
شاگرد

mkoba

جزدان

kikasha cha penseli

پینسل دا ڈبہ

penseli

پینسل

kichonga penseli

پینسل شارپنر

mpira

ربر

kamusi ya michoro

بصری لغت

pedi ya kuchora

ڈرائنگ پیڈ

kuchora

ڈرائنگ

brashi ya rangi

پینٹ برش

kikasha cha rangi

پینٹ باکس

mkasi

قینچی

gundi

گلو

daftari

مشقی کتاب

kazi ya nyumbani

گھر دا کم

nambari

عدد

jumlisha

جمع

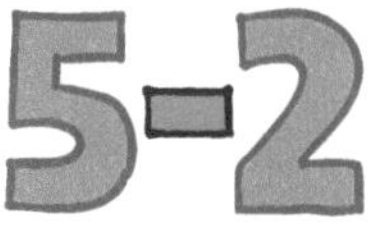

ondoa

تفریق

zidisha

ضرب

kokotoa

کیلکولیٹ

barua

خطرہ

alfabeti

حروف تہجی

neno

لفظ

maandishi

متن

kusoma

پڑھنا

chaki

چاک

somo

سبق

sajili

رجسٹر

uchunguzi

امتحان

cheti

سند

sare za shule

سکول نی وردی

elimu

تعلیم

elezo

انسائیکلوپیڈیا

chuo kikuu

یونیورسٹی

darubini

مائیکرو سکوپ

ramani

نقشہ

kikapu cha kuweka karatasi chafu

کچرے نا ڈبہ

hoteli
ہوٹل
hosteli
ہاسٹل
ofisi ya ubadilishanaji
ایکسچینج دفتر
sanduku
سوٹ کیس
gari
کار

lugha
بولی

ndiyo / la
ہاں /نئیں

sawa
ٹھیک ہے

hujambo
اسلام و علیکم

mtafsiri
ترجمان

Asante
شکریہ

kiasi gani ni ...?

ایہہ کنے نے ؟

Sielewi

مى سمجه نئيں رلى

tatizo

مسئلہ

Jioni njema!

اسلام و علیکم

Habari za asubuhi!

اسلام و علیکم

Usiku mwema!

اللہ حافظ

kwa heri

اللہ نے حوالے

mwelekeo

سمت

mizigo

سامان

mfuko

بیگ

mkoba wa mgononi

بیک پیک

mgeni

مہمان

chumba

کمرہ

begi la kulalia

سلیپنگ بیگ

hema

خیمہ

taarifa ya utalii

سیاح لئی معلومات

ufuo

ساحل سمندر

kadi

کریڈٹ کارڈ

kifunguakinywa

ناشتہ

chakula cha mchana

دوپہر نا کھانا

chakula cha jioni

رات نا کھانا

tiketi

ٹکٹ

kuinua

لفٹ

muhuri

مہر

mpaka

بارڈر

mila

کسٹمز

ubalozi

ایمبیسی

visa

ویزا

pasipoti

پاسپورٹ

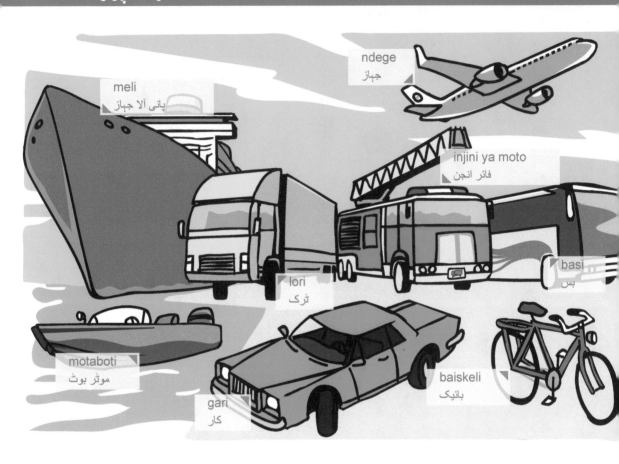

usafiri
ٹرانسپورٹ

ndege
جہاز
meli
پانی آلا جہاز
injini ya moto
فائر انجن
basi
بس
lori
ٹرک
motaboti
موٹر بوٹ
baiskeli
بائیک
gari
کار

feri

فیری

mashua

کشتی

pikipiki

موٹر بائیک

gari la polisi

پولیس کار

gari la mashindano

ریسنگ کار

gari la kukodisha

کرایہ نی گڈّ

kushiriki gari

کار شئیرنگ

lori la kuvuta

بریک ڈاؤن ٹرک

ukusanyaji taka

ریفیوز ٹرک

motor

موٹر

mafuta

فیول

kituo cha mafuta

پٹرول سٹیشن

ishara trafiki

ٹریفک سائن

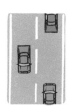

trafiki

ٹریفک

msongamano

ٹریفک جام

maegesho

کار پارک

kituo cha treni

ریل سٹیشن

reli

ٹریکس

garimoshi

ریل

tremu

ٹرام

gari la mizigo

کیرج

helikopta

هیلی کاپٹر

uwanja wa ndege

ائر پورٹ

mnara

مینار

abiria

مسافر

chombo

کنٹینر

katoni

کاٹن

mkokoteni

چھکڑا

kikapu

بالٹی

kuchukua mbali / nchi

اڑنا / لہنا

jiji

شہر

kijiji

پنڈ

katikati ya jiji

سٹی سینٹر

nyumba

کھار

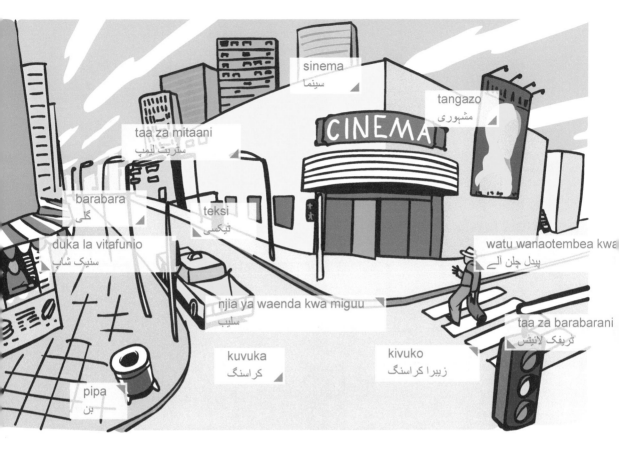

sinema
سینما
CINEMA
tangazo
مشہوری
taa za mitaani
سٹریٹ لیمپ
barabara
گلی
teksi
ٹیکسی
duka la vitafunio
سنیک شاپ
watu wanaotembea kwa
پیدل چلن آلے
njia ya waenda kwa miguu
سلیب
taa za barabarani
ٹریفک لائیٹس
kuvuka
کراسنگ
kivuko
زیبرا کراسنگ
pipa
بن

kibanda

ہٹ

gorofa

فلیٹ

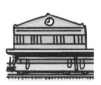

kituo cha treni

ریل سٹیشن

ukumbi wa mji

ٹاؤن ہال

Makavazi

میوزئیم

shule

سکول

chuo kikuu

یونیورسٹی

benki

بنک

hospitali

ہسپتال

hoteli

ہوٹل

maduka ya dawa

فارمیسی

ofisi

دفتر

kitabu duka

کتب خانہ

duka

ہٹی

duka la maua

پھلاں الے

dukakuu

سپر مارکیٹ

soko

بازار

idara ya kuhifadhi

ڈیپارٹمنٹ سٹور

mwuza samaki

مچھیرے

kituo cha ununuzi

شاپنگ سینٹر

bandari

بندرگاہ

Hifadhi

پارک

benki

بنچ

daraja

پل

vidato

سیڑھیاں

chini ya ardhi

انڈر گراؤنڈ

handaki

ٹنل

kituo cha mabasi

بس سٹاپ

bar

بار

mgahawa

ریسٹورنٹ

sanduku la posta

پوسٹ بکس

ishara ya barabara

سٹریٹ سائن

mita ya maegesho

پارکنگ میٹر

ustani ya wanyama

چڑیا گھر

kidimbwi cha kuogelea

سوئمنگ پول

msikiti

مسجد

shamba

فارم

uchafuzi

آلودگی

makaburini

قبرستان

kanisa

چرچ

uwanja wa michezo

پلے گراؤنڈ

hekalu

مندر

mazingira

منظر

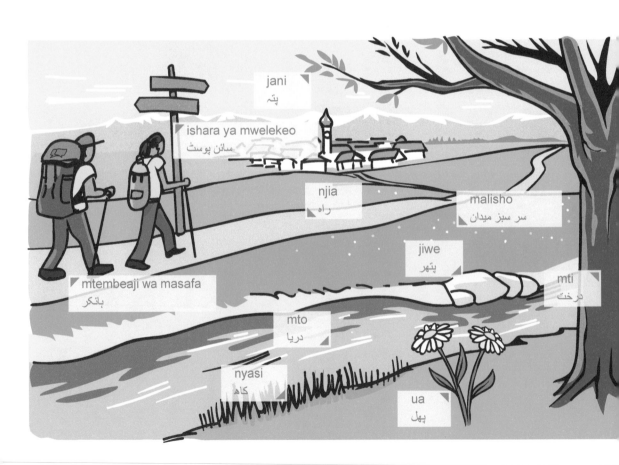

bonde

وادی

kilima

پہاڑی

ziwa

نہر

msitu

جنگل

jangwa

صحرا

volkano

آتش فشاں

ngome

قلعہ

upinde wa mvua

رین بو

uyoga

کھمبی

mtende

پام ٹری

mbu

مچھر

kuruka

مکھی

chungu

چیونٹا

nyuki

مکھی

buibui

مکڑی

mende

بھونرا

frog

مینڈک

kuchakuro

گلہری

nungunungu

سیہہ

sungura

ساھیا

bundi

الو

ndege

پرندہ

mumbi

راج ہنس

boar

نر سور

kulungu

ہرن

aina ya kongoni

بارہ سنگا

bwawa

ڈیم

tabo ya upepo

ونڈ ٹربائن

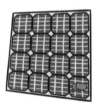

nishaji ya jua

شمسی توانائی دا پینل

hali ya hewa

آب و ہوا

mgahawa

ریسٹورنٹ

mhudumu
ویٹر
menyu
مینیو
kiti
کرسی
supu
سوپ
piza
پیزا
vilia
پھانڈے
kitambaa cha mezani
میز نا کپڑا

kiamsha hamu

سٹارٹر

kozi kuu

مین کورس

kitindamlo

ڈیزرٹ

vinywaji

مشروب

chakula

کھانا

chupa

بوتل

chakula cha haraka

فاسٹ فوڈ

Streetfood

سٹریٹ فوڈ

buli

ٹی پاٹ

kisanduku cha sukari

شوگر بول

sehemu

پورشن

mashine Espresso

اسپریسو مشین

kiti kirefu

ہائی چئیر

muswada

بل

sinia

ٹرے

kisu

چھری

uma

کنڈا

kijiko

چمچ

kijiko cha chai

ٹی سپون

nepi

تولیہ

glasi

گلاس

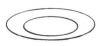

sahani

پلیٹ

sahani ya supu

سوپ پلیٹ

kisahani

ساسر

mchuzi

چٹنی

kichanyaji chumvi

نمک دانی

kinu cha pilipili

پیپر مل

siki

سرکہ

mafuta

تیل

viungo

مصالحہ

kechapu

کیچپ

haradali

سرہیئوں

kachumbari nzito

مینیز

dukakuu

سپر مارکیٹ

ofa maalum
سپیشل آفر
mteja
گاہک
maziwa
ڈیری
matunda
toroli
ٹرالی

mchinjaji

قصائی

mwokaji

بیکرز

kupima

وزن

mboga

سبزیاں

nyama

گوشت

chakula waliohifadhiwa

فروزن فوڈ

ande vya nyama baridi

....

کولڈ گوشت

chakula cha kopo

....

ٹن فوڈ

sabuni ya unga

....

واشگ پوڈر

pipi

....

مٹھائی

bidhaa za kaya

....

کھار دیاں چیزاں

bidhaa za kusafisha

....

صفائی آلی چیزاں

mtu mauzo

....

سیل مین

mpaka

....

ٹل

keshia

....

کیشئیر

rodha ya manunuzi

....

شاپنگ لسٹ

saa za ufunguzi

....

کھلن دا ویلا

mkoba

....

پرس

kadi

....

کریڈٹ کارڈ

mfuko

....

بیگ

mfuko wa plastiki

....

پلاسٹک بیگ

vinywaji
مشروب

maji

پانی

sharubati

جوس

maziwa

ددھ

coke

کوک

mvinyo

شراب

bia

شراب

pombe

شراب

kakao

کوکا

chai

چا

kahawa

کافی

spreso

اسپریسو

kapuchino

کیپچینو

banana

کیلا

tufaha

سیب

machungwa

موسمبی

tikiti

تربوز

lemon

نیمبو

karoti

گاجر

vitunguu

لہسن

mianzi

بانس

kitunguu

پیاز

uyoga

کھمبی

karanga

میوے

nudo

نوڈلز

spageti

سپیگیٹی

mchele

چاول

saladi

سلاد

vibanzi

چپس

viazi vya kukaanga

تلے ہوئےآلو

piza

پیزا

hambaga

ہیم برگر

sandwichi

سینڈوچ

kipande

تکے

paja la mnyama

ہیم

salami

سلامی

soseji

ساسج

kuku

مرغی

choma

بھنیا ہویا

samaki

مچھی

uji shayiri

جو نا دلیہ

muesli

مولی

cornflakes

کارن فلیکس

unga

آٹا

kroisanti

کرائسنٹ

andazi

بریڈ رول

mkate

روٹی

mkate wa kubanika

ٹوسٹ

biskuti

بسکٹ

siagi

مکھن

maziwa mgando

دہی

keki

کیک

yai

انڈا

yai kukaanga

تلیا انڈا

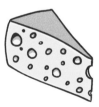

jibini

پنیر

aiskrimu

آئس کریم

sukari

چینی

asali

شہد

jemu

جام

malai ya asali

چاکلیٹ سپریڈ

curry

سالن

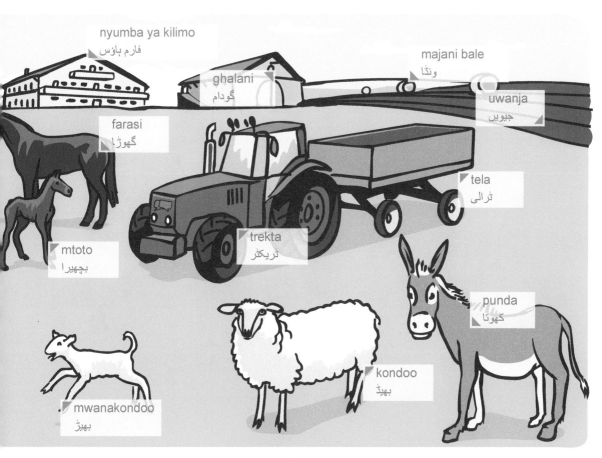

nyumba ya kilimo
فارم باؤس

ghalani
گودام

majani bale
ونٹا

uwanja
جبوین

farasi
گھوڑا

tela
ٹرالی

mtoto
بچھیرا

trekta
ٹریکٹر

punda
کھوتا

mwanakondoo
بھیڑ

kondoo
بھیڈ

mbuzi
....
بکری

ng'ombe
....
گاں

ndama
....
بچھڑا

nguruwe
....
سور

mwananguruwe
....
پگ لیٹ

fahali
....
بیل

batabukini

بطخ

bata

بطخ

kifaranga

چوزہ

kuku

مرغی

jogoo

مرغا

panya

چوہا

paka

بلی

panya

چوہا

ng'ombe

بیل

mbwa

کتا

nyumba ya mbwa

کتے نا کھار

bomba la bustani

لان نا پائپ

debe la kumwagilia maji

پانی نا ڈبی

scythe

درانتی

plau

ہل

mundu

درانتی

jembe

ہو

uma wa nyasi

ترنگل

shoka

کوہاڑی

toroli

ریڑھی

kupitia nyimbo

ٹونگا

hombo cha maziwa

ددھ نا ڈبہ

gunia

بورا

ua

باڑ

imara

اصطبل

chafu

گرین ہاؤس

udongo

مٹی

mbegu

بیج

mbolea

کھاد

kivunaji

کمبائن ہارویسٹر

mavuno

فصل

mavuno

فصل

viazi vikuu

یامز

ngano

کنک

soya

سویا

viazi

آلو

mahindi

مکئی

rapa

تلی

mti wa matunda

پهلدار درخت

muhogo

کاساوا

nafaka

اناج

nyumba
کھار

chimni
چمنی
paa
چھت
bomba la maji ya mvua
نالی
dirisha
کھڑکی
gareji
گیراج
kengele ya mlangoni
دروازے نی گھنٹی
mlango
دروازہ
pipa la taka
کچرا دان
kikasha barua
لیٹر باکس
bustani
باغ

sebuleni

....

لونگ روم

bafu

....

باتھ روم

jikoni

....

باورچہ خانہ

chumba cha kulala

....

بیڈروم

chumba ya mtoto

....

بچیاں نا کمرہ

chumba cha kulia

....

ڈائننگ روم

sakafu

فرش

ukuta

دیوار

dari

چھت

pishi

سلہا

sauna

سوانا

roshani

بالکنی

mtaro

ٹیرس

kidimbwi

پول

mashine ya kukata nyasi

لان موور

karatasi

شیٹ

kitambaa cha kupamba kitanda

بیڈ سپریڈ

kitanda

بیڈ

ufagio

جھاڑو

ndoo

بالٹی

kubadili

سوئچ

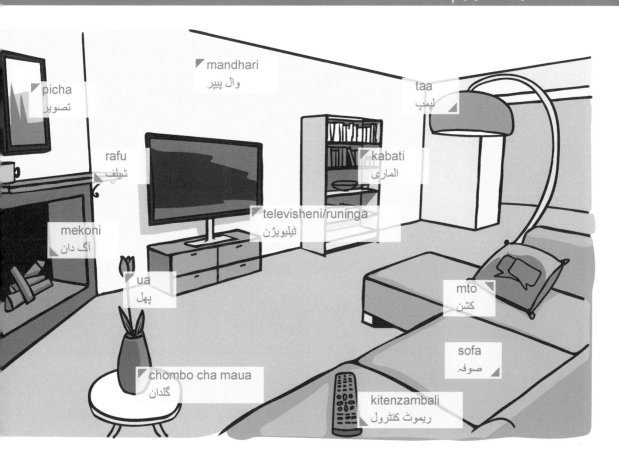

sebuleni

لونگ روم

mandhari
وال پیپر
picha
تصویر
taa
لیمپ
rafu
شیلف
kabati
الماری
televisheni/runinga
ٹیلیویژن
mekoni
آگ دان
ua
پھل
mto
کشن
sofa
صوفہ
chombo cha maua
گلدان
kitenzambali
ریموٹ کنٹرول

zulia

قالین

pazia

پردے

meza

میز

kiti

کرسی

kiti cha bembea

راکنگ چئیر

armchair

آرم چئیر

kitabu

کتاب

blanketi

کمبل

mapambo

ڈیکوریشن

kuni

کولے

filamu

فلم

hi-fi

ہائی فائی آلات

ufunguo

چابی

gazeti

اخبار

picha

پینٹنگ

bango

پوسٹر

redio

ریڈیو

daftari

نوٹ پیڈ

kifyonza

ہوور

dungusi kakati

کیکٹس

mshumaa

موم بتی

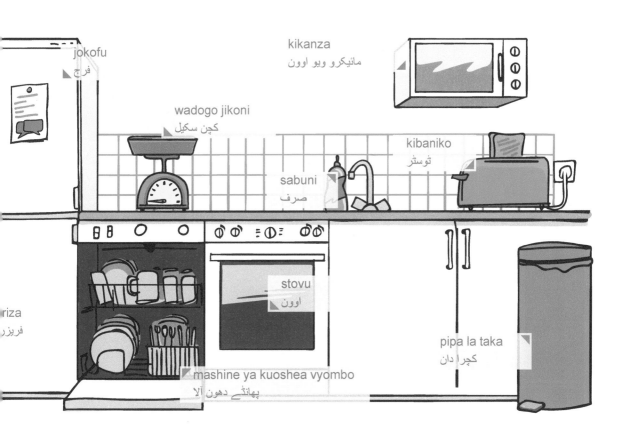

jokofu
فرج
kikanza
مائیکرو ویو اوون
wadogo jikoni
کچن سکیل
kibaniko
ٹوسٹر
sabuni
صرف
stovu
اوون
riza
فریزر
pipa la taka
کچرا دان
mashine ya kuoshea vyombo
پھانڈے دھون آلا

jiko la kupika

ککر

chungu

پاٹ

sufuria ya chuma

کاسٹ آئرن پاٹ

wok / kadai

ووک / کدائی

kaango

پین

birika

کیتلی

stima

سٹیمر

sinia ya kuoka

بیکنگ ٹرے

vyombo vya udongo

پھانڈے

kombe

مگا

bakuli

پیالہ

vijiti vya kulia

چوپ سٹکس

ukawa

کرچھل

mwiko mpana

اسپالی

burashi

پھینٹن آلا

kichujio

چھننا

chujio

چھننی

mbuzi

جھاواں

chokaa

کھان پکان آلا چمچہ

barbeque

باربی کیو

moto wazi

چولھا

ubao wa majaribio

کٹنگ بورڈ

kijiti cha kusukuma unga

رولنگ پن

kizibuo

کارک سکرو

kopo

کین

kifungua kopo

کین کھلون آلا

kishikio cha chungu

پاٹ پگڑن آلا

karo

سنک

brashi

برش

sifongo

سپنج

kisagaji matunda

بلینڈڑ

friza

ڈیپ فریزر

chupa ya mtoto

بچے نی بوتل

bomba

ٹوٹی

bafu

باته روم

joto
ہیٹنگ
taulo
تولیہ
mfereji wa kuogea
شاور
pazia la kuogea
شاور کرٹن
maji ya kuoga yenye povu
ببل باته
hodhi
glasi
گلاس
mashine ya kuosha
واشنگ مشین
bomba
ٹوٹی
vigae
ٹائل
poti
پاخانہ
karo
سنک

choo

ٹوائلٹ

choo ch kuchuchuma

ٹوائلٹ

beseni la mviringo

بڈٹ

pissoir

پیشاب

shashi

ٹوائلٹ پیپر

brashi ya choo

ٹوائلٹ برش

mswaki

ٹوتھ برش

dawa ya meno

ٹوتھ پیسٹ

floss meno

ڈینٹل فلاس

safisha

دھونا

kuoga mkono

ہتھ وچ پھڑن آلا شاور

msukumo wa maji

شاور

bonde

بیسن

mpako wa pili

بیک برش

sabuni

صابن

jeli ya kuogea

شاور جیل

shampuu

شیمپو

flana

فلالین

toa maji

نالی

krimu

کریم

marashi

ڈیوڈرنٹ

kioo

آئینہ

kioo mkono

ہتہ آلا شیشہ

kinyozi

استرا

povu la kunyoa

شیونگ فوم

baada ya kunyolewa

آفٹر سیو

kichana

کنگھا

brashi

برش

kikausha nywele

ہئیر ڈرائر

marashi ya nyewele

ہئیر سپرے

vipodozi

میک اپ

kidomwa

لپ سٹک

msumari varnish

ناخن نی وارنش

pamba

کاٹن وول

mkasi wa kucha

ناخن کتر

manukato

پرفیوم

mkoba wa kuosha

واش بیگ

kinyesi

پاخانہ

mizani

وزن دا پیمانہ

nguo ya kuoga

باتھ نی الماری

glavu za mpira

ربر نے دستانہ

kisodo

بفر

sodo

تولیہ سٹینڈ

kemikali choo

کیمیکل ٹوائلٹ

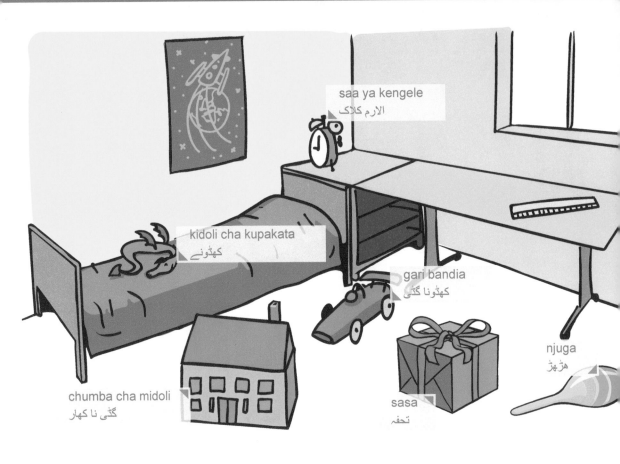

chumba ya mtoto

بچیاں نا کمرہ

saa ya kengele
الارم کلاک
kidoli cha kupakata
کھڈونے
gari bandia
کھڈونا گڈی
njuga
chumba cha midoli
sasa
تحفہ

baluni

پھکانا

kitanda

بیڈ

mashua

پرام

staha ya kadi

تاش نے پتے

mchezo-fumb

جگ سا

vichekesho

کامک

matofali lego

لیگو برکس

vitalu mwigo

بلڈنگ بلاکس

hatua takwimu

کھڈونا

suti ya kulalia

بےبی گرو

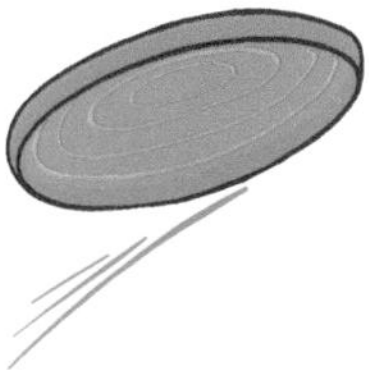

frisbee

فرزوی

simu

موبائل

ubao wa michezo

بورڈ گیم

kete

ڈائس

garimoshi mwigo

ماڈل ٹرن سیٹ

mwigo

ڈمی

chama

پارٹی

picha kitabu

تصویری کتاب

mpira

گیند

kikaragosi

گڈی

kucheza

کھیڈنا

sandpit

سینڈ پٹ

swing

جھولا

vitu bandia

کھلونے

kiweko cha video ya mchezo

ویڈیو گیم کنسول

baiskeli ya magurudumu matatu

ٹرائی سائیکل

mwanasesere

ٹیڈی بئیر

kabati

الماری

nguo

کپڑے

soksi

جراباں

stokingi

جراباں

kibano

ٹائٹس

skafu
سکارف

mwavuli
چھتری

ukanda
بیلٹ

fulana
ٹی شرٹ

viatu
بوٹ

ndara
سلیپر

kandambili
جوگر

malapa
سینڈل

viatu
جوتی

mabuti ya mpira
ربر نے جوتی

chupi
انڈر ونیر

sidiria
برا

fulana
بنیان

mwili

جسم

suruali

پاجامہ

dangirizi

جینز

sketi

سکرٹ

blauzi

برا

shati

قمیض

sweta

سوئیٹر

sweta

ہوڈی

bleza

کوٹ

jaketi

جیکٹ

koti

کوٹ

koti la mvua

برساتی

maleba

کاسٹیوم

gauni

کپڑے

mavazi ya harusi

شادی نا جوڑا

suti

سوٹ

vazi la usiku

راتے نے کپڑے

pajama

پاجامہ

sari

ساڑھی

skafu

سکارف

kilemba

پگڑی

burka

برقعہ

kaftan

کفتان

abaya

برقعہ

vazi la kuogelea

نہان والے کپڑے

vazi la kiume la kuogelea

انڈرونیر

kaptura

نیکر

teitei

ٹریک سوٹ

apron

دھوتی

glavu

دستانے

kifungo

بٹن

glasi

چشمہ

bangili

بریسلیٹ

mkufu

ہار

pete

انگوٹھی

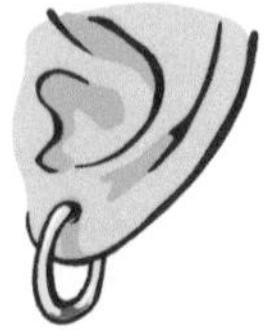

herini

کنڈے

kofia

ٹوپی

kiango cha koti

کوٹ ہینگر

kofia

ٹوپی

tai

ٹائی

zipu

زپ

kofia

ہیلمٹ

kanda za suruali

بریسز

sare za shule

سکول نی وردی

sare

وردی

bibu
....
بب

mwigo
....
ٹُمی

nepi
....
ناپی

ofisi

دفتر

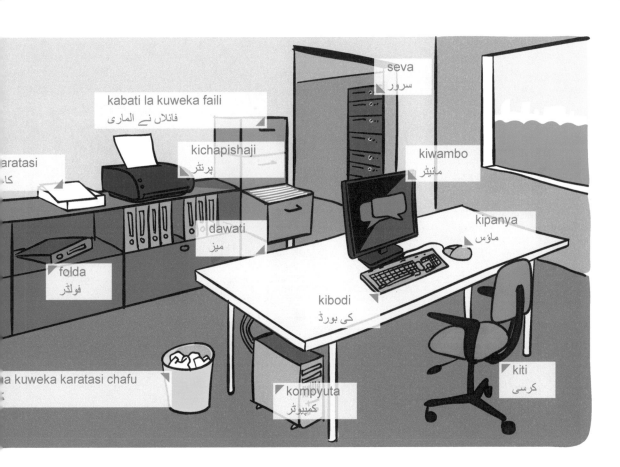

seva
سرور

kabati la kuweka faili
فائلاں نے الماری

kichapishaji
پرنٹر

aratasi
کا

kiwambo
مانیٹر

kipanya
ماؤس

dawati
میز

folda
فولڈر

kibodi
کی بورڈ

kiti
کرسی

a kuweka karatasi chafu

kompyuta
کمپیوٹر

kmobe la kahawa
....
کافی مگ

kikokotoo
....
کیلکولیٹر

biashara
....
انٹرنیٹ

mbali

لیپ ٹاپ

barua

خط

ujumbe

پیغام

rununu

موبائل

intaneti

نیٹ ورک

fotokopia

فوٹو کاپئیر

programu

سافٹ وئیر

simu

ٹیلیفون

soketi

پلگ ساکٹ

kipepesi

فکس مشین

fomu

فارم

hati

دستاویزات

kununua

خریدنا

kulipa

ادا کرنا

biashara

تجارت

fedha

پیسہ

dola

ڈالر

yuro

یورو

yeni

ین

rouble

ربل

faranga ya Uswisi

سویس فرانک

renminbi yuan

رینمینبی یوان

rupia

روپیہ

eneo la kulipia

کیش پوائنٹ

ofisi ya ubadilishanaji

ایکسچینج دفتر

dhahabu

سونا

fedha

چاندی

mafuta

تیل

nishati

توانائی

bei

قیمت

mkataba

معاہدہ

kodi

ٹیکس

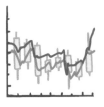

bidhaa

سٹاک

kazi

کم

mfanyakazi

ملازم

mwajiri

آجر

kiwanda

فیکٹری

duka

ہٹی

kazi

پیشہ

mzimamoto
اگ بجھان آلا
afisa wa polisi
پلس افسر
mpishi
کک
daktari
ڈاکٹر
rubani
پائلٹ

mtunza bustani

مالی

seremala

برھئی

mshonaji

درزن

hakimu

جج

mwanakemia

کیمسٹ

muigizaji

ایکٹر

dereva wa basi

بس ڈرائیور

dereva wa teksi

ٹیکسی ڈرائیور

mvuvi

مچھیرا

mwanamke wa kusafisha

صفائی آلی جنانی

mwezekaji

روفر

mhudumu

ویٹر

mwindaji

شکاری

mchoraji

پینٹر

mwokaji

بیکری آلا

umeme

الیکٹریشن

mjenzi

تعمیرات آلا

mhandisi

انجینئیر

mchinjaji

قصائی

fundi bomba

پلمبر

mwanaposta

پوسٹ مین

mwanajeshi

سپاہی

msanifu majengo

آرکیٹیکٹ

keshia

کیشئیر

muuza maua

پھلاں آلا

msusi

نائی

kondakta

کنڈکٹر

mekanika

مکینک

nahodha

کپتان

daktari wa meno

دندان ساز

mwanasayansi

سائنس دان

rabbi

ربائی

imamu

امام

mtawa

راہب

kasisi

انگریز

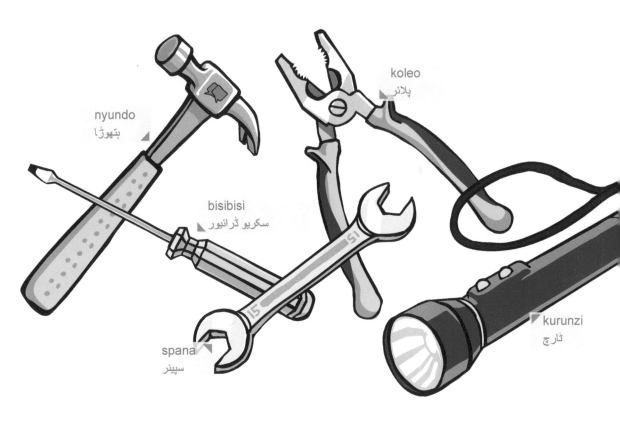

zana

ٹولز

nyundo
ہتھوڑا
koleo
پلائر
bisibisi
سکریو ڈرائیور
spana
سپینر
kurunzi
ٹارچ

mchimbaji

پھاوڑا

sanduku la vifaa

ٹول باکس

ngazi

سیڑھی

msumeno

آری

misumari

کیل

keekee

ڈرل

kukarabati

مرمت

sepetu

شاول

Lo!

لعنت!

kishikio cha uchafu

ڈسٹ پین

chungu cha rangi

پینٹ پاٹ

skurubu

سکریوز

ala za muziki

موسیقی نے آلات

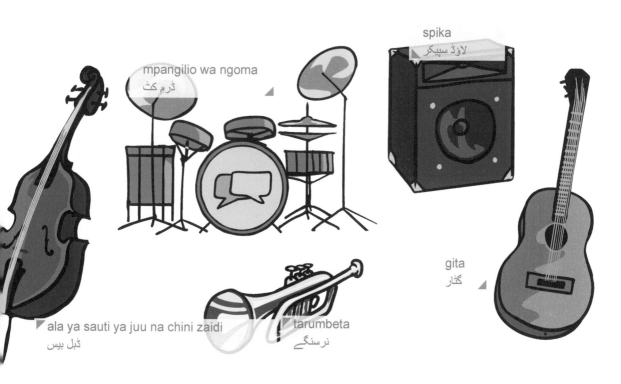

spika

لاؤڈ سپیکر

mpangilio wa ngoma

ڈرم کٹ

gita

گٹار

ala ya sauti ya juu na chini zaidi

ڈبل بیس

tarumbeta

نرسنگے

piano

پیانو

fidla

وائلن

ubeji

بیس

timpani

ٹمپانی

ngoma

ڈرمز

kibodi

کی بورڈ

saksafoni

سیگزو فون

filimbi

بانسری

maikrofoni

مائکروفون

bustani ya wanyama
چڑیا کھار

lango la kuingia
داخلہ
simbamarara
چیتا
kizimba
پنجرہ
pundamilia
زیبرا
chakula cha mifugo
جانوراں دا کھانا
panda
پانڈا

wanyama
جانور

tembo
ہاتھی

kangaroo
کینگرو

kifaru
گینڈا

sokwe
گوریلا

dubu
ریچھ

ngamia

اونٹ

mbuni

شترمرغ

simba

شیر

tumbili

باندر

heroe

فلیمنگو

kasuku

طوطا

dubu

برفانی ریچھ

penguini

پینگوئین

papa

شارک

tausi

مور

nyoka

سپ

mamba

مگرمچھ

mtunza wanyama

چڑیا گھر دا رکھوالا

muhuri

سیل

chui wa Marekani

جیگوار

mwanafarasi

پونی

chui

لیپرڈ

kiboko

ہپو

twiga

زرافہ

tai

چیل

boar

نر سور

samaki

مچھی

kobe

کیچھوا

walrus

والرس

bweha

لومبڑ

paa

گیزل

michezo
کھیڈنا

soka ya marekani
امریکن فٹابل
uendeshaji baiskeli
سائکلنگ
tenisi
ٹینس
mpira wa kikapu
باسکٹ بال
kuogelea
سوئیمنگ
ndondi
باکسنگ
magongo ya barafuni
آئس ہاکی

soka

فٹبال

vinyoya

بیڈ منٹن

riadha

ایتھلیٹکس

mpira wa mikono

ہینڈ بال

skii

سکیینگ

polo

پولو

cheka
بنسنا

kumbatia
چھپی پانا

uka
چھال

kutembea
چلنا

kuimba
گانا گانا

ota ndoto
خواب

kuomba
دعا

busu
بوسہ

kuandika

لکھنا

kuteka

لیک لانا

angalia

وکھانا

sukuma

دھکا

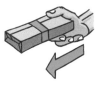

kutoa

دینا

kuchukua

لینا

kuwa

ہے وے

kufanya

کرنا

kuwa

ہو

kusimama

کھلونا

kukimbia

دوڑنا

kuvuta

چبھکنا

kutupa

سٹنا

kuanguka

ٹھپنا

hadaa

جھوٹ

kusubiri

انتظار

kubeba

چکنا

kukaa

بیھنا

vaa nguo

کپڑے پانا

usingizi

سونا

kuamka

جاگنا

kuangalia

ویکھنا

lia

رونا/چلانا

kiharusi

سٹروک

chana nywele

کنگھا

ongea

گل کرنا

kuelewa

سمجھنا

kuuliza

پوچھنا/دسنا

kusikiliza

سننا

kunywa

پینا

kula

کھانا

nadhifisha

تیار ہونا

upendo

محبت

mpishi

پکانا

gari

گڈی چلانا

kuruka

اڈنا

meli

سمندری سفر

kokotoa

کیلکولیٹ

kusoma

پڑھنا

kujifunza

سیکھنا

kazi

کم

kuoa

شادی

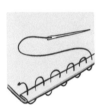

kushona

سیونا

piga mswaki

دند صاف

kuua

قتل

moshi

دھواں

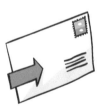

kutuma

بھیجنا

familia

کنبہ

bibi
دادی
babu
دادا
baba
پیو
mama
ماں
mtoto
بچہ
binti
دھی
bin
پتر

mgeni

مہمان

shangazi

ماسی / پھو

mjomba

چاچا/ماما

kaka

بھرا

dada

بہن

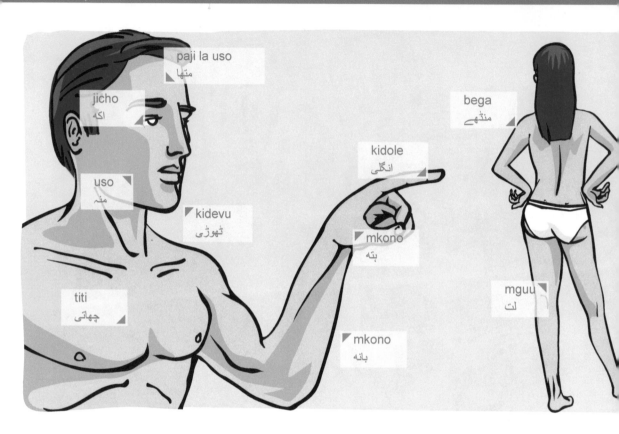

mwili

جسم

paji la uso
متھا
jicho
اکھ
uso
منہ
kidevu
ٹھوڑی
titi
چھاتی
kidole
انگلی
mkono
mkono
بانہ
bega
منڈھے
mguu
لت

mtoto

بچہ

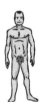

mwanamume

بندہ

mwanamke

جنانی

msichana

کڑی

mvulana

مڑا

kichwa

سر

nyuma

کمر

tumbo

ٹھڈ

kitovu

تھنی

chano

پنجہ

kisigino

اڈی

mfupa

ہڈہ

hip

کولہے

goti

گوڈے

kiwiko

کہنی

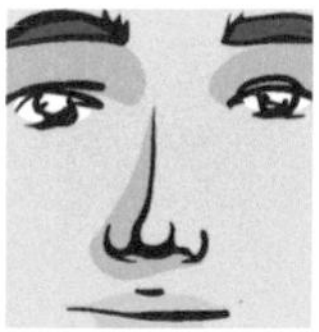

pua

نک

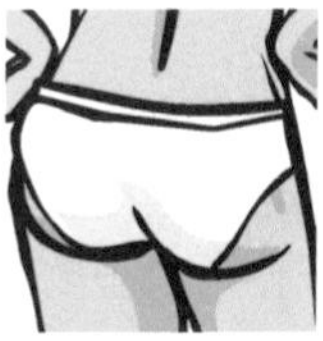

chini

زیر جامہ

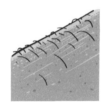

ngozi

کھل

shavu

گلاں

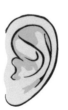

sikio

کن

Lippe

بل

kinywa

منہ

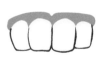

jino

دند

ulimi

زبان

ubongo

دماغ

moyo

دل

misuli

پٹھے

pafu

پھیپڑے

ini

جگر

tumbo

ٹھڈ

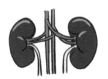

figo

گردے

jinsia

جنس

kondomu

کنڈم

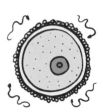

ovari

انڈے

shahawa

منی

mimba

حمل

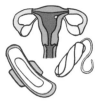

hedhi

حیض

uke

اندام نهانی

uume

عضو تناسل

unyusi

بهون

nywele

بال

shingo

گردن

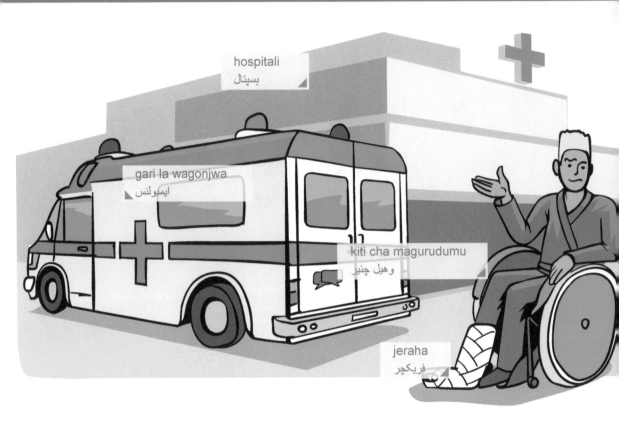

hospitali

ہسپتال

gari la wagonjwa
ایمبولنس
kiti cha magurudumu
وھیل چئیر
jeraha
فریکچر

daktari

ڈاکٹر

chumba cha dharura

ہنگامی کمرہ

muuguzi

نرس

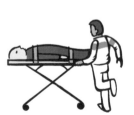

dharura

ایمرجنسی

fahamu

بے ہوش

maumivu

درد

jeraha

سٹ

kutokwa na damu

خون نکلنا

mshtuko wa moyo

دل نا دورہ

kiharusi

فالج

mzio

الرجی

kikohozi

کھنگ

homa

تپ

mafua

نزلہ

kuharisha

اسہال

maumivu ya kichwa

سر درد

kansa

کینسر

ugonjwa wa kisukari

شوگر(ذیابطس)

daktari mpasuaji

سرجن

kisu kidogo cha kupasulia

سکیلپیل

operesheni

آپریشن

picha changanufu ya mwili

سی ٹی

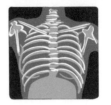

Eksrei

ایکسرے

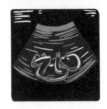

mawimbi sauti

الٹرا ساؤنڈ

barakoa ya uso

چہرہ نا ماسک

ugonjwa

بماری

chumba cha kusubiri

انتظار گاہ

mkongojo

بیساکھی

plasta

پلستر

bendeji

پٹی

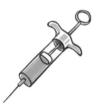

sindano

ٹیکہ

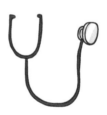

stetoskopu

سٹیتھوسکوپ

machela

اسٹریچر

kipimajoto cha kliniki

کلینکل تھرمومیٹر

kuzaliwa

پیدائش

unene kupita kiasi

زائدالوزن

kusikia misaada

سنن لئی آلہ

kipukusi

جراثیم کش

maambukizi

متعدی مرض

virusi

وائرس

VVU / UKIMWI

HIV/AIDS

dawa

دوائی

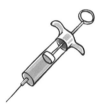

chanjo

ویکسینیشن

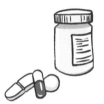

vidonge

گولیاں

kidonge

گولی

simu ya dharura

ہنگامی کال

haemodainamometa

بلڈ پریشر مانیٹر

mgonjwa / afya

بیمار / صحتمند

dharura

ایمرجنسی

Msaada!

مدد!

kengele

الارم

pigo

حملہ

shambulizi

حملہ

hatari

خطرہ

lango la dharura

ہنگامی اخراج

Moto!

اگ!

kizimamoto

اگ بجاھن والا آلہ

ajali

حادثہ

vifaa vya huduma ya kwanza

فرسٹ ایڈ کٹ

wito wa msaada

SOS

polisi

پلس

Ulaya

یورپ

Amerika ya Kaskazini

شمالی امریکہ

Amerika ya Kusini

جنوبی امریکہ

Afrika

افریقہ

Asia

ایشیاء

Australia

آسٹریلیا

Atlantiki

اٹلانٹک

Pasifiki

پیسیفک

Bahari ya Hindi

بحیرہ ہند

Bahari ya Antaktiki

بھیرہ انٹارکٹک

Bahari ya Aktiki

بھیرہ آرکٹیک

Ncha ya Kaskazini

قطب شمالی

Ncha ya Kusini

قطب جنوبی

Antaktika

انٹارکٹیکا

dunia

زمین

nchi

خشکی

bahari

سمندر

kisiwa

جزیرہ

taifa

قوم

hali

ریاست

saa

گھڑی

uso wa saa

کلاک فیس

akrabu ya saa

نکی سوئی

akrabu ya dakika

وڈی سوئی

akrabu ya sekunde

سیکنڈ ہینڈ

Ni saa ngapi?

کی ٹائم ہویا اے؟

siku

دن

wakati

وقت

sasa

ہون

saa ya dijitali

ڈیجیٹل گھڑی

dakika

منٹ

saa

گھنٹہ

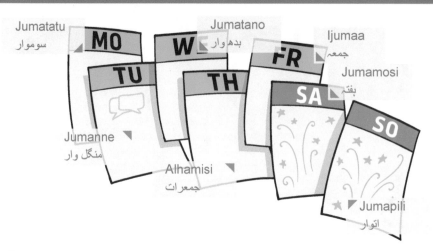

wiki

ہفتہ

Jumatatu
سوموار
MO
Jumatano
بدھوار
Ijumaa
جمعہ
TU
Jumamosi
Jumanne
منگل وار
Alhamisi
جمعرات
Jumapili
اتوار

jana
....
کل

leo
....
اج

kesho
....
کل

asubuhi
....
سویر

saa sita mchana
....
دوپہر

jioni
....
شام

siku za biashara
....
کاروباری دن

mwishoni mwa wiki
....
ویک اینڈ

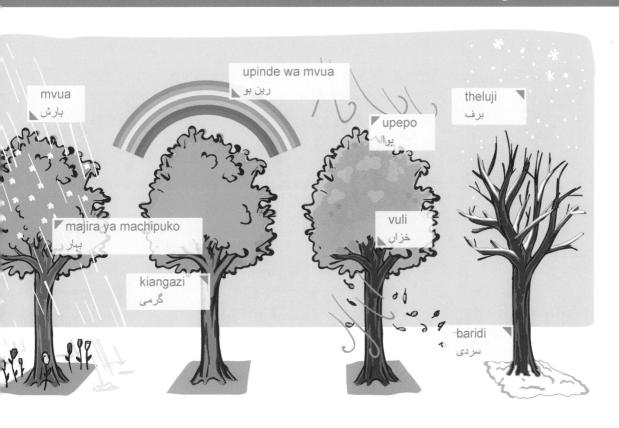

mvua
بارش
upinde wa mvua
رین بو
upepo
theluji
برف
majira ya machipuko
بہار
vuli
kiangazi
گرمی
baridi
سردی

abiri wa hali ya hewa

موسمی پیشگوئی

kipimajoto

تھرمامیٹر

mwanga wa jua

سورج نے چمک

wingu

بدل

ukungu

دھند

unyevu

نمی

umeme

بجلی کڑکنا

radi

گرج

dhoruba

نہیری

mvua ya mawe

اولے

monsuni

ساون

mafuriko

سیلاب

barafu

برف

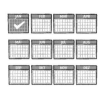

Januari

جنوری

Februari

فروری

Machi

مارچ

Aprili

اپریل

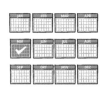

Mei

مئی

Juni

جون

Julai

جولائی

Agosti

اگست

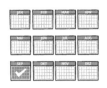

Septemba

ستمبر

Oktoba

اکتوبر

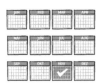

Novemba

نومبر

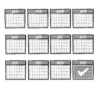

Desemba

دسمبر

maumbo
شكلاں

mduara

گول

mraba

چوکور

mstatili

مستطیل

pembetatu

مثلث

nyanja

دائرہ نما

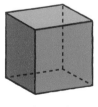

mchemraba

مکعب

rangi
رنگ

nyeupe

چٹا

manjano

پیلا

chungwa

نارنجی

rangi ya waridi

گلابی

nyekundu

رتا

hudhurungi

جامنی

bluu

نیلا

kijani

ہرا

hanja

کتھئی

jivujivu

سرمئی

nyeusi

کالا

mengi / kidogo

زیادہ / گھٹ

hasira / pole

ناراض / پرسکون

nzuri / mbaya

خوبصورت / بدصورت

mwanzo / mwisho

ابتداء / اختتام

kubwa / ndogo

وڈا / نکا

angavu / giza

روشن / نہیرا

kaka / dada

بھرا / بہن

safi / chafu

صاف / گندا

kamilika / tokamilika

مکمل / نا مکمل

siku / usiku

دن / رات

kufa / hai

مردہ / اندہ

pana / nyembamba

چوڑا / تنگ

kulika / kutolika

خوردنی / ناقابل خوردنی

ovu / ema

پھیڑا / چنگا

sisimkwa / udhika

خوش / ناخوش

nene / nyembamba

موٹا / پتلا

kwanza / mwisho

پہلا / آخری

rafiki / adui

دوست / دشمن

jaa / tupu

بھریا / خالی

ngumu / laini

سخت / نرم

nzito / nyepesi

بھاری / ہلکا

njaa / kiu

بھوک / پیاس

mgonjwa / afya

بیمار / صحتمند

haramu / kisheria

قانونی / غیر قانونی

akili / kijinga

ذہین / بیوقوف

kushoto / kulia

کھبا / سجا

karibu / mbali

کولے / دور

mpya / kutumika
....
نواں / پرانا

kitu / jambo
....
کجه نئیں / سب کجه

zee / changa
....
بڈھا / جوان

waka / zima
....
کھولنا / بند کرنا

wazi / fungwa
....
کھولنا / بند کرنا

utulivu / kelele
....
خاموشی / شور

tajiri / masikini
....
امیر / غریب

sahihi / kosa
....
درست / غلط

ngumu / nyororo
....
کھردرا / ہموار

huzunika / furahia
....
افسردہ / خوش

fupi /ndefu
....
نکا / لما

polepole / haraka
....
آہستہ / تیز

nyevu / kavu
....
گیلا / خشک

joto / baridi
....
گرم / ٹھنڈا

vita / amani
....
جنگ / امن

nambari

اعداد

0	1	2
sufuri	moja	mbili
صفر	اک	دو
3	4	5
tatu	nne	tano
تن	چار	پنج
6	7	8
sita	saba	nane
چه	ست	اٹه
9	10	11
tisa	kumi	kumi na moja
نو	دس	یاراں

12
kumi na mbili

باراں

13
kumi na tatu

تیراں

14
kumi na nne

چودا

15
kumi na tano

پندرہ

16
kumi na sita

سولہ

17
kumi na saba

ستاراں

18
kumi na nane

اٹھاراں

19
kumi na tisa

انیہ

20
ishirini

وی

100
mia

سو

1.000
elfu

ہزار

1.000.000
milioni

ملین

lugha

بولی

Kiingereza

انگریزی

Kiingereza cha Marekani

امریکی انگریزی

Kimandarini cha Uchina

چینی مینڈیرین

Kihindi

ہندی

Kihispania

سپینش

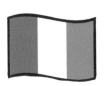

Kifaransa

فرینچ

Kiarabu

عربی

Kirusi

رشئین

Kireno

پرتگالی

Kibengali

بنگالی

Kijerumani

جرمن

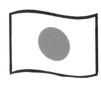

Kijapani

جاپانی

ambao / nini / jinsi

کون/ کی / کیویں

mimi

میں

wewe

توں

yeye / yeye / ni

وہ/وہ/ایہہ

sisi

اسیں

wewe

توں

wao

او

nani?

کون؟

nini?

کی؟

jinsi gani?

کیویں؟

wapi?

کتھے؟

lini?

کدوں؟

jina

ناں

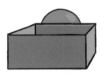

wapi

کتھے

nyuma

پچھے

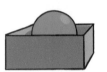

katika

وچ

mbele ya

نے سامنے

juu ya

تے

kwenye

تے

chini ya

ہیٹ

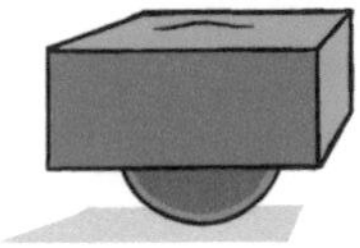

kando

سوا

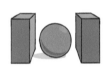

kati

مابین

mahali

جگہ